BEI GRIN MACHT SICH IHR WISSEN BEZAHLT

- Wir veröffentlichen Ihre Hausarbeit,
  Bachelor- und Masterarbeit

- Ihr eigenes eBook und Buch -
  weltweit in allen wichtigen Shops

- Verdienen Sie an jedem Verkauf

Jetzt bei www.GRIN.com hochladen und kostenlos publizieren

Bibliografische Information der Deutschen Nationalbibliothek:

Die Deutsche Bibliothek verzeichnet diese Publikation in der Deutschen National-
bibliografie; detaillierte bibliografische Daten sind im Internet über http://dnb.d-
nb.de/ abrufbar.

Impressum:

Copyright © 2015 GRIN Verlag
Druck und Bindung: Books on Demand GmbH, Norderstedt Germany
ISBN: 9783668624276

Dieses Buch bei GRIN:

https://www.grin.com/document/384438

Magdalena Tutsch

"Judenhäuser" in Augsburg während der NS-Zeit

GRIN Verlag

GRIN - Your knowledge has value

Der GRIN Verlag publiziert seit 1998 wissenschaftliche Arbeiten von Studenten, Hochschullehrern und anderen Akademikern als eBook und gedrucktes Buch. Die Verlagswebsite www.grin.com ist die ideale Plattform zur Veröffentlichung von Hausarbeiten, Abschlussarbeiten, wissenschaftlichen Aufsätzen, Dissertationen und Fachbüchern.

S E M I N A R A R B E I T

R a h m e n t h e m a des Wissenschaftspropädeutischen Seminars:
Spurensuche – Augsburg im Nationalsozialismus
Leitfach: Geschichte

Thema der Arbeit:

„Judenhäuser" in Augsburg
von 1939 bis zur Deportation

Verfasserin:
Magdalena Tutsch

Abgabetermin: 10. November 2015

Bewertung	Note	Notenstufe in Worten	Punkte		Punkte
Schriftliche Arbeit				x 3	
Abschlusspräsentation				x 1	

Summe:

Gesamtleistung nach § 61 (7) GSO = Summe :2 (gerundet)

Inhaltsverzeichnis

A. Vorwort

Noch heute finden sich in Augsburg eine Reihe von Erinnerungsorten an die NS-Zeit, die allerdings kaum wahrgenommen werden. Das Rahmenthema des Wissenschaftspropädeutischen Seminars, welches da lautet „Spurensuche - Augsburg im Nationalsozialismus", lädt ein, die Augen zu öffnen und genauere Informationen über bestimmte Augsburger Bürger, Straßen, Siedlungen und Häuser herauszufinden.

Von besonderer Wichtigkeit ist es, sich mit dem damals ausgeprägten Antisemitismus auseinander zu setzen, da Fremdenhass und Rechtsradikalismus leider immer noch höchst aktuell sind. Die zurzeit geführte Flüchtlingsdebatte gibt Anlass gewisse Parallelen zu ziehen: Brennende Flüchtlingsheime erinnern stark an die brennenden Synagogen in der Reichspogromnacht am 9. November 1938.

Es ist also wichtig, dass vor allem unsere Generation von Schülern und Schülerinnen an die Erfahrungen aus der NS-Zeit anknüpfen kann und der Bogen ins Heute gespannt wird. So beschäftige ich mich in dieser Seminararbeit mit dem Thema „Judenhäuser", nur eine der getroffenen Maßnahmen in Augsburg während des nationalsozialistischen Regimes, um Juden auszugrenzen, zu deklassieren und letztendlich zu vernichten, und ich versuche durch die Fotografien der heutigen Häuser den Bezug zur Gegenwart zu schaffen.

B. „Judenhäuser" in Augsburg von 1939 bis zur Deportation

I. Begriffsklärung „Judenhaus"

1. „Judenhäuser" in Zusammenhang mit „Arisierung"

Die systematische Enteignung, Ausgrenzung und Deklassierung der Juden im Nationalsozialismus begann mit der „Entjudung" der deutschen Wirtschaft. So kam es am 1. April 1933 zum Boykottaufruf gegen jüdische Fabriken, Geschäfte, Arztpraxen und Kanzleien, um deren Existenz zu gefährden.

Abb. 1: Boykottaufruf in der NNZ, 1933

Juristische Grundlage für den Vorgang der sogenannten „Arisierung", wo jüdisches Eigentum in „arischen" Besitz wechseln sollte, bot das „Gesetz über die Einziehung von volks- und staatsfeindlichem Vermögen" vom 14. Juli 1933.[1] Weitere Gesetze folgten. So waren Juden verpflichtet ihr Vermögen anzumelden, durften nicht mehr arbeiten und mussten seit der Reichspogromnacht am 9. November 1938, in der Synagogen und jüdische Geschäfts- und Wohnhäuser beschmiert und angezündet wurden, eine „Judenvermögensabgabe" leisten.[2]

---

[1] Vgl. Schmucker, A., „Arisierung" von Wohn- und Geschäftshäusern, in: W. Nerdinger (Hrsg.), Bauten erinnern. Augsburg in der NS-Zeit, Berlin 2012, S. 172.
[2] Vgl. Bachmair, A., Wie Nazis in Augsburg jüdischen Bürgern Eigentum stahlen, in: http://www.augsburger-allgemeine.de/augsburg/Wie-Nazis-in-Augsburg-juedischen-Buergern-Eigentum-stahlen-id22659431.html; Zugriff vom 2.11.2015.

Nachdem man die jüdische Bevölkerung in Existenznot und Bedrängnis gebracht hatte, mussten viele ihre Geschäfte und Wohnhäuser unter Marktwert verkaufen. Andere wurden mit geringer finanzieller Entschädigung enteignet. „Bis zum November 1938 wurden [in Augsburg] [Anm. d. Verf.] insgesamt 52 Firmen liquidiert und 49 ‚arisiert'.“[3]

In Augsburg entschieden sich zudem zwischen 1933 und 1942 etwa 560 Juden ihre Häuser und Geschäfte für wenig Erlös zu verkaufen und wegen anhaltender Schikanen und Angriffe durch Nationalsozialisten auszuwandern.[4]

Bei Augsburger „Judenhäusern“ handelte es sich um Geschäfts- oder Wohnhäuser aus jüdischem Eigentum, in die nach dem Vorgang der „Arisierung“ ausschließlich Juden zwangsweise einquartiert und bis zur Deportation „gesammelt“ wurden. Somit ist deren Errichtung eindeutig mit der „Arisierung“ in Verbindung zu bringen.

2. „Judenhäuser“ im Zusammenhang mit dem Erlass des „Gesetzes über die Mietverhältnisse mit Juden“

Vor April 1939 war der Mieterschutz für Juden noch gewährleistet, jedoch hieß es bereits im Dezember 1938 durch eine Anordnung des Reichsmarschalls Göring, dass Juden in einem Haus zusammengelegt werden sollten, soweit die Mietverhältnisse dies gestatten würden.[5]

Erst mit dem Erlass des „Gesetzes über Mietverhältnisse mit Juden“ am 30. April 1939 war der Mieterschutz für Juden aufgehoben. Somit durften deutsche „arische“ Vermieter grundlos ihren jüdischen Mietern kündigen, insoweit sie für eine anderweitige Unterbringung garantieren konnten.[6]

---

[3] Klotz, S., Jüdisches Leben, in: W. Nerdinger (Hrsg.), Bauten erinnern. Augsburg in der NS-Zeit, Berlin 2012, S. 156.
[4] Vgl. Klotz, Jüdisches Leben, in: Nerdinger (Hrsg.), Bauten erinnern, S. 157.
[5] Vgl. Hipp, D., Judenhäuser und Deportationen aus Augsburg. Magisterarbeit, Augsburg 2012, S. 17.
[6] Vgl. Forschungsbüro. Verein für wissenschaftliche und kulturelle Dienstleistungen (Hrsg.), Gesetz über Mietverhältnisse mit Juden, in: http://www.ns-quellen.at/gesetz_anzeigen_detail.php?gesetz_id=17010&action=B_Read; Zugriff vom 3.11.2015.

Gleichzeitig sorgte man für einen immer gewährleisteten Ersatzwohnraum, indem man die wenigen Juden, die noch Hausbesitzer waren, dazu verpflichtete, wohnungslos gewordene jüdische Familien aufzunehmen oder diese in „arisierten" ehemals jüdischen Häusern unterbrachte.[7] In Folge dessen konnten die Häuser Deutscher Schritt für Schritt von Juden „befreit" und „arisiert" werden und „Judenhäuser" entstehen.

3. Gründe für die Errichtung von „Judenhäusern"

„Judenhäuser [...] fungierten als provisorische, zeitlich begrenzte Sammelstellen, in denen die Juden [...] weiter isoliert, besser überwacht und gewinnbringend zur Zwangsarbeit eingesetzt wurden."[8] Durch den erzwungenen Umzug wurden sie restlos aus der Gesellschaft ausgeschlossen und verloren auch jegliche nachbarschaftlichen Beziehungen zu „Ariern".

Zudem wirkten „Judenhäuser" einer erhöhten Obdachlosigkeit von Juden entgegen, die durch die „Entjudung" der deutschen Mietshäuser entstanden wäre.

Weiter fehlten in Deutschland Wohnungen, verstärkt durch die Kriegssituation ab 1939. Es wurde somit zu Lasten der Juden Wohnraum für die „arische" Bevölkerung freigemacht ohne finanzielle Belastung des Staats oder der Gemeinden.[9]

---

[7] Vgl. Forschungsbüro (Hrsg.), Gesetz, in: http://www.ns-quellen.at.
[8] Kwiet, K., unter dem Stichwort: Judenhaus, in: W. Benz (Hrsg.), Handbuch des Antisemitismus. Judenfeindschaft in Geschichte und Gegenwart. Band 3, Berlin/New York 2010, S. 151.
[9] Vgl. Kwiet, Stichwort: Judenhaus, in: Benz (Hrsg.), Antisemitismus, S. 151f.

II. Auswahl der Häuser in Augsburg

1. Kriterien der Auswahl

Bei der Auswahl der Häuser ist auffallend, dass die Häuser nicht nebeneinander lagen, sondern eher verstreut in den Städten.

Dies hatte zu tun mit einem Verbot, ausgesprochen von Reinhard Heydrich, Leiter des Reichssicherheitshauptamtes, Ghettos in deutschen Städten zu errichten. „Geschlossene Judenviertel [...] ließen sich nur schwer kontrollieren. Zudem würden sie Epidemien und das ,Verbrechertum' verbreiten."[10] Wichtiger jedoch war wahrscheinlich ein anderer Grund: Deutschland sollte in wenigen Jahren von allen Juden „befreit" sein, also wäre eine Errichtung von Ghettos für den kurzweiligen Nutzen zu kostenaufwändig gewesen.[11]

Ein weiterer Punkt, der bei den Planungen der „Judenhäuser" berücksichtigt wurde, war das „[Ausklammern] bestimmte[r] Stadtteile, Wohnviertel und Straßenzüge [...], um sie als ,judenfrei' deklarieren zu können."[12] Eine all zu große Verstreuung der Häuser sollte somit nicht entstehen, damit die Nationalsozialisten die Schritt für Schritt stattfindende „Entjudung" feiern konnten.

2. Betroffene Häuser in Augsburg

Bei den betroffenen Häusern in Augsburg, die bekannt sind, handelte es sich um die damalige Bahnhofstraße 18 1/5, Maximilianstraße 14, Mozartstraße 5 1/2, Sophienstraße 1 und Hallstraße 14.[13] In einer weiteren Quelle wird zudem die Hochfeldstraße 31 genannt.[14]

Am weitesten auseinander lagen die Sophienstraße 1 und die Hochfeldstraße 31 mit circa zwei Kilometer Abstand. Am nahesten waren sich die Häuser der Mozartstraße und der Hallstraße. Die Distanz zwischen ihnen betrug ungefähr 250 Meter.

---

[10] Kwiet, Stichwort: Judenhaus, in: Benz (Hrsg.), Antisemitismus, S. 150.
[11] Vgl. Kwiet, Stichwort: Judenhaus, in: Benz (Hrsg.), Antisemitismus, S. 151.
[12] Kwiet, Stichwort: Judenhaus, in: Benz (Hrsg.), Antisemitismus, S. 151.
[13] Vgl. Hipp, Judenhäuser, S. 26-31.
[14] Vgl. Bachmair, Wie Nazis in Augsburg jüdischen Bürgern Eigentum stahlen, in: http://www.augsburger-allgemeine.de.

Fast alle bekannten damaligen „Judenhäuser" befanden sich im innerstädtischen Bereich. Ob noch mehr Häuser in Augsburg betroffen waren, ist nicht eindeutig festzustellen, jedoch kann man davon ausgehen.

Oft wird in der Literatur die Augsburger Synagoge in der Halderstraße als „Judenhaus" erwähnt, jedoch widerspricht eine Quelle diesen Vermutungen deutlich.[15] So heißt es dort, in damaligen Augsburger Polizeibögen würde ersichtlich werden, dass sich die Aufenthaltsdauer von jüdischen Gemeindemitgliedern meist nicht mehr als über vier Monate erstreckte. Es würde sich also um eine Art Zwischenstation handeln, in der Juden „gesammelt" wurden, bis ein geeignetes „Judenhaus" zur Verfügung stand.[16]

---

[15] Vgl. Klotz, Jüdisches Leben, in: Nerdinger (Hrsg.), Bauten erinnern, S. 157.
[16] Vgl. Hipp, Judenhäuser, S.31.

III. Lebensumstände der Bewohner

1. Zustände innerhalb der Wohnräume

Mit einem erzwungenen Umzug in die „Judenhäuser" grenzte man die jüdischen Familien vollkommen aus der deutschen Gesellschaft aus. Sie wurden aus ihrem privaten Umfeld herausgerissen und verloren dabei ihre nachbarschaftlichen Beziehungen, welche oftmals den letzten Kontakt zu „Ariern" darstellten. Da der verfügbare Platz in den neuen Wohnungen deutlich kleiner war, konnten die Familien nur das Allernötigste mitnehmen. Den Rest des Eigentums, wie beispielsweise wertvolle Einrichtungsgegenstände, mussten sie zu sehr geringen Preisen verkaufen.[17]

In den vollkommen überfüllten Wohnungen ging jegliche Privatsphäre verloren. So mussten sich oftmals sich völlig fremde Alleinstehende, Ehepaare, Familien mit Kindern und alte Menschen arrangieren und versuchen ein geordnetes Miteinander auf engstem Raum zu bewerkstelligen.[18]

Neben den psychischen stellte die Wohnungssituation auch starke physische Belastungen dar: Zu wenig Sanitäranlagen für zu viele Menschen führten zu miserablen hygienischen Zuständen. Da Brennstoff den Juden nur in minimalen Mengen zur Verfügung gestellt wurde, war es kaum möglich die Wohnung im Winter warm zu halten, geschweige denn, das Wasser zu erhitzen.[19]

2. Verbote und Vorschriften für die Bewohner

Die üblichen Verbote und Vorschriften für alle Juden in Deutschland erschwerten das Leben für die Bewohner der „Judenhäuser" sehr.

---

[17] Vgl. Wacker, J./Ulm, E., „Judenhäuser" in Leipzig 1939 bis 1945. Ein Schülerprojekt der Henriette-Goldschmidt-Schule Leipzig, in: http://www.goldschmidtschule-leipzig.de/static/Schulchronik/site/judenhaeuser03.html; Zugriff vom 2.11.2015.
[18] Vgl. Kwiet, Stichwort: Judenhaus, in: Benz (Hrsg.), Antisemitismus, S. 152.
[19] Vgl. Wacker/Ulm, „Judenhäuser", in: http://www.goldschmidtschule-leipzig.de.

Die auf den Lebensmittelkarten bestimmte Menge an Nahrungsmitteln war deutlich zu gering. Fleisch, Fisch, Obst, Kaffee, Tee und Butter waren Juden komplett verboten. „[A]ußerdem durften sie nur noch zu festgelegten Zeiten einkaufen, wenn kaum noch etwas übrig war."[20] Als Folge mussten die Bewohner mit Unterernährung kämpfen.

Es war kaum möglich Ablenkung von den Belastungen des Alltags zu finden, da alle Annehmlichkeiten verboten waren. Nach 20 Uhr war es nicht erlaubt das Haus zu verlassen, man durfte kein Radio und kein Haustier besitzen, durfte kein Kino, kein Theater und keine Gaststätte besuchen.

Nachdem die jüdische Bevölkerung ab September 1941 zum Tragen des gelben „Judensterns" verpflichtet war, mussten ab März 1942 zusätzlich die „Judenhäuser" mit einem „Handteller große[n] Judenstern in schwarzem Druck auf weißem Papier an den Türrahmen des Wohnungseingangs"[21] gekennzeichnet werden.

Die „Judenhäuser" mussten immer zugänglich sein und durften auch nachts nicht verschlossen werden. Somit konnten die Gestapo und auch antisemitische „Mitbürger" zu jeder Zeit die Einhaltung der Vorschriften kontrollieren.[22] Es ist anzunehmen, dass die Mitglieder der Gestapo die Kontrollen nutzten, um die jüdischen Familien in den „Judenhäusern" zu schikanieren und auszuplündern, sodass die Bewohner unter ständiger Angst vor Besuchen der Gestapo und damit verbundener willkürlicher Gewalt und Bestrafung litten.[23]

Es ist davon auszugehen, dass diese allgemein gehaltenen Informationen sich auch bei Augsburger Juden und „Judenhäusern" widerspiegelten.

---

[20] Müller, M., Lebenslinien. Deutsch-jüdische Familiengeschichten. „...und dann heißt's Abschied nehmen aus Augsburg und Deutschland.". Der Weg der Familie Stern aus Augsburg. Band 6, Augsburg 2013, S. 48.
[21] Kwiet, Stichwort: Judenhaus, in: Benz (Hrsg.), Antisemitismus, S. 151.
[22] Vgl. Wacker/Ulm, „Judenhäuser", in: http://www.goldschmidtschule-leipzig.de.
[23] Vgl. Kwiet, Stichwort: Judenhaus, in: Benz (Hrsg.), Antisemitismus, S. 152.

IV. Konkrete Augsburger Beispiele

1. Mozartstraße 5 1/2

Bevor das Wohnhaus Mozartstraße 5 1/2 im Februar 1939 von der Stadt, unter dem Vorwand der Pläne einer Umgestaltung Augsburgs als Gauhauptstadt Schwabens, enteignet wurde, gehörte es dem jüdischen Kaufmann Alfred Stein, der mit seinem Sohn Ferdinand das renommierte Schuhhaus Stein in der Innenstadt führte. Er erhielt damals einen Einheitswert von 36 100 Reichsmark, jedoch wurde der Großteil der Summe auf einem gesperrten Konto deponiert.

Ferdinand Stein und seine Töchter Lieselotte und Ilse schafften es nach England zu fliehen. Ferdinands Ehefrau Martha blieb in Augsburg, um sich um den gesundheitlich angeschlagenen Alfred Stein mit seiner Frau Berta zu kümmern. Alfred Stein verstarb 1940 in Augsburg, Martha und Berta kamen im Konzentrationslager um.[24]

Der Rechtsanwalt Philipp Roßteuscher, ein Nachbar und Freund der Steins, welcher im Haus Mozartstraße 5 wohnte, schrieb nach Kriegsende an den Oberbürgermeister der Stadt Augsburg folgendes:

> In der Folgezeit wurde das Haus mit jüdischen Familien vollgestopft. Einigen derselben gelang es noch auszuwandern, so konnte auch Herr Stein jun. mit seinen beiden Töchtern nach England auswandern. Dessen Ehefrau war zunächst noch in der Ballonfabrik verwendet und kam dann mit Frau Stein sen., [sic!] nach Theresienstadt, wo beide dann starben.[25]

Eine Nutzung des Hauses als „Judenhaus" durch die Stadt ist laut diesem Zitat unumstritten. Sie soll von Oktober 1939 bis Mitte 1943 erfolgt sein. In dieser Zeit geht man von bis zu 20 untergebrachten Juden aus, die als Hilfsarbeiter unter anderem in der Ballonfabrik Zwangsarbeit leisten mussten.[26] Das Zitat beschreibt zudem, wie wenig Platz in den Zimmern vorhanden gewesen sein musste.

---

[24] Vgl. Schmucker, A., Reiheneckhaus Alfred Stein, in: W. Nerdinger (Hrsg.), Bauten erinnern. Augsburg in der NS-Zeit, Berlin 2012, S. 189.
[25] StadtAA, L5 Nr. 574, in: Hipp, Judenhäuser, S. 28.
[26] Vgl. Schmucker, Alfred Stein, in: Nerdinger (Hrsg.), Bauten erinnern, S. 189.

Nachdem die Deportationen begonnen hatten, vermietete die Stadt Augsburg das Gebäude ab 1943 an sechs Künstler des Theaters Augsburg.[27]

Später nach Kriegsende wurde das Haus bis 1953 von dem jüdischen Anwalt Ludwig Dreifuß, der im September 1945 von der Amerikanischen Militärregierung zum Bürgermeister der Stadt Augsburg ernannt wurde, bewohnt.[28]

2. Bahnhofstraße 18 1/5

Bevor das Gebäude Bahnhofstraße 18 1/5 Anfang 1939 „arisiert" und an die Firma Grimm, Schmidt & Co. verkauft wurde, befand sich dort die Tuchhandlung Wimpfheimer & Cie von Hugo Steinfeld und seinem Schwiegersohn Max Sturm.[29] Max Sturm emigrierte mit seiner Frau Anna und den Kindern im Oktober 1939 in die USA. Hugo Steinfeld und seine Frau Lina jedoch, bereits 75 und 70 Jahre alt, wählten im November 1941 den Freitod in Augsburg.[30]

Abb. 2: Ehepaar Hugo und Lina
Steinfeld, 1938

---

[27] Vgl. Hipp, Judenhäuser, S. 29.
[28] Vgl. Schmucker, Alfred Stein, in: Nerdinger (Hrsg.), Bauten erinnern, S. 189.
[29] Vgl. Hipp, Judenhäuser, S. 27.
[30] Vgl. Müller, M./Schönhagen, B., Lebenslinien. Deutsch-jüdische Familiengeschichten. „...dieser schönen Welt Lebewohl sagen.". Der Weg der Familie Sturm aus Augsburg. Band 3, Augsburg 2010, S. 26-29.

Ab Oktober 1939 begann die Nutzung der Bahnhofstraße 18 1/5 als „Judenhaus".
Bis Januar 1943 waren in den Wohnungen 23 jüdische Personen einquartiert, die
ab 1942 vollständig deportiert und in Konzentrationslagern ermordet wurden.[31]

Abb. 3: Bahnhofstraße 18 1/5, um 1900

3. Hallstraße 14

Das Haus war von 1910 bis 1938 im Besitz von Emanuel Polatschek, ein jüdischer
Kaufmann, der in der Maximilianstraße 6 und 8 das Schuhhaus „Mercedes" führte
und in der Hallstraße 14 wohnte. 1937 und 1938 emigrierte die Familie Polatschek
in die USA und verkaufte das Haus an die ebenfalls jüdischen Kaufleute Max
Schwab und Karl Wassermann.[32]

---

[31] Vgl. Schmucker, A., Geschäfts- und Wohnhaus Wimpfheimer & Cie, in: W. Nerdinger (Hrsg.),
Bauten erinnern. Augsburg in der NS-Zeit, Berlin 2012, S. 197.
[32] Vgl. Parisi, R., Emanuel Polatschek Schuhhaus „Mercedes", in: W. Nerdinger (Hrsg.), Bauten
erinnern. Augsburg in der NS-Zeit, Berlin 2012, S. 190.

Auch Max Schwab gelang etwas später die Flucht nach Amerika, doch Karl Wassermann wurde nach Auschwitz deportiert und starb dort.[33] Das Gebäude ging somit in den Besitz des Deutschen Reiches über, da beide Eigentümer die Reichsgrenzen verlassen hatten und somit die „11. Verordnung des Reichsbürger-gesetzes" in Kraft trat, in der es hieß: „Ein Jude, der seinen gewöhnlichen Aufenthalt im Ausland hat, kann nicht deutscher Staatsangehöriger sein. [...] Das Vermögen des Juden [...] verfällt mit dem Verlust der Staatsangehörigkeit dem Reich."[34]

Von nun an diente die Hallstraße 14 als „Judenhaus". Die Zahlen bezüglich der Nutzung des Hauses unterscheiden sich in den Quellen. So lautet es einmal, dass dort von 1939 bis 1943 insgesamt 64 Juden und zeitweise über 20 Familien untergebracht waren.[35] In einer weiteren Quelle heißt es, dass es erst ab 1941 als „Judenhaus" genutzt wurde und daraus 30 Bewohner deportiert wurden. Eine genaue Anzahl der Bewohner ist nicht genannt.[36] Trotz der Abweichungen ist sicher zu sagen, dass die Hallstraße 14 das größte der Augsburger „Judenhäuser" war.

Abb. 4: Die Schwestern Bollack, um 1930

Zu den Bewohnern zählten unter anderem die drei Schwestern Pauline, Rosa und Josefine Bollack, die mit ihrer Gaststätte Bollack den letzten in Augsburg bestehenden jüdischen Gewerbebetrieb führten. Rosa starb bereits in Augsburg, die anderen beiden kamen in Theresienstadt um.[37]

---

[33] Vgl. Hipp, Judenhäuser, S. 31.
[34] http://www.verfassungen.de/de/de33-45/reichsbuerger35-v11.htm; Zugriff vom 2.11.2015.
[35] Vgl. Hipp, Judenhäuser, S. 31.
[36] Vgl. Parisi, Polatschek, in: Nerdinger (Hrsg.), Bauten erinnern, S. 190.
[37] Vgl. Krauss, I., Israelitische Gaststätte Bollack, in: W. Nerdinger (Hrsg.), Bauten erinnern. Augsburg in der NS-Zeit, Berlin 2012, S. 168.

V. Aktuelle Situation der früheren „Judenhäuser"

1. Heutige Funktion

Nach einer Umstrukturierung der Hausnummern in der Bahnhofstraße änderte sich die Bahnhofstraße 18 1/5 zur Bahnhofstraße 20. An der Stelle, wo einst die Tuchhandlung Wimpfheimer & Cie zu finden war, steht nun das Kaufhaus C&A.

Abb. 5: Kaufhaus C&A, 2015   Abb. 6: Hallstraße 14, 2015

In der Hallstraße 14, dem damalig größten Augsburger „Judenhaus", befinden sich im obersten Stockwerk Wohnungen, die unteren Stockwerke werden gewerblich genutzt. So hat sich hier zum Beispiel ein Frisör angesiedelt.

Die Maximilianstraße 14 ist zurzeit ein reines Geschäftshaus. Es befinden sich dort unter anderem das Keramikgeschäft Villeroy & Boch, eine Anwaltskanzlei und drei Architekturbüros. Zudem stellt das Gebäude den Zugang zu einer der Augsburger Einkaufspassagen, der Maxpassage, dar.

Abb. 7: Maximilianstraße 14, 2015

Die Mozartstraße 5 1/2 und Hochfeldstraße 31 dienen heute als Wohnhäuser. Die Mozartstraße 5 1/2 bietet Platz für drei Wohnungen. Die Hochfeldstraße 31 ist ein Einfamilienhaus.

Abb. 8: Mozartstraße 5 1/2, 2015   Abb. 9: Hochfeldstraße 31, 2015

Die Sophienstraße wurde in die Brunhildenstraße umbenannt, jedoch existiert nur noch die Adresse Brunhildenstraße 2. An der Stelle des ehemaligen „Judenhauses" findet man nun das Sportgelände und Gebäude des Jakob-Fugger-Gymnasiums mit der Adresse Kriemhildenstraße 5.

2. Hinweise und Gedenktafeln

An keinem betroffenen Haus wurden Hinweise oder Gedenktafeln für „Juden-häuser" gefunden.

Auf Nachfrage, ob bekannt sei, dass an selbiger Stelle ein „Judenhaus" stand, antwortete Stephanie K., seit über 20 Jahren Kundenberaterin beim Kaufhaus C&A, sie wisse nichts davon. Sie könne nicht einmal mit dem Begriff etwas anfangen.[38] Die Bewohner der Mozartstraße 5 1/2 und der Hochfeldstraße 31 waren nicht zu einem Gespräch bereit. Auch ein Schüler des Jakob-Fugger-Gymnasiums, an dessen Stelle sich das „Judenhaus" Sophienstraße 1 befand, äußerte sich ähnlich wie die C&A-Mitarbeiterin. Er sei nicht über die Existenz eines „Judenhauses" aufgeklärt worden.[39]

---

[38] K., S., Gespräch, 24.10.15.
[39] Warnatz, L., Gespräch, 31.10.15.

C. Fazit mit Ausblick

Die Recherche zum Erstellen der Seminararbeit barg einige Hindernisse. So ließen sich, wegen der dürftigen Quellenlage in Augsburger Bibliotheken, wie zum Beispiel in der Augsburger Universitätsbibliothek, zum Thema „Judenhäuser" speziell auf Augsburg bezogen sowie dem fehlenden Zugang zum Stadtarchiv Augsburg, einige Aussagen nur in Verallgemeinerung treffen. Eine Übereinstimmung mit Augsburger „Judenhäusern" liegt jedoch nahe und wurde deshalb angenommen.

Aussagekräftige Informationen zu Augsburg wurden freundlicherweise von Herrn Philipp Lintner vom Archiv der Israelitischen Kultusgemeinde Schwaben Augsburg zur Verfügung gestellt. An einen Zeitzeugen oder an einen Angehörigen eines Zeitzeugen konnte man mich dort leider nicht weiterleiten.

Die während der Recherche mir bekannt gewordenen „Judenhäuser" in Augsburg befinden sich weitestgehend im innerstädtischen Bereich der Stadt Augsburg. Zwei der Häuser, die Bahnhofstraße 18 1/5, heute Bahnhofstraße 20, und die Maximilianstraße 14, liegen sogar in bekannten Einkaufsstraßen der Stadt. Jedoch ist das Thema „Judenhäuser" in der NS-Zeit für viele Augsburger unbekannt. Auch die Teilnehmer meines Seminars, welches für diese Arbeit das Rahmenthema vorgab, wussten nicht, worum es sich bei dem Begriff „Judenhaus" handelt, bevor wir durch unsere Kursleiterin aufgeklärt wurden. Keine Gedenktafel oder anderweitige Hinweise informieren die Augsburger über die Existenz eines „Judenhauses" an den jeweiligen Stellen. „Judenhäuser" sind ein wichtiger Bestandteil der antisemitischen Geschichte in Deutschland. Sie waren auch Nachbarhäuser von Augsburger Bürgern, vor deren Augen sich nationalsozialistisches Verbrechen abspielte. Es sollte wesentlich mehr Aufklärungsarbeit geleistet werden, um auch diesem Teil der Augsburger Geschichte gerecht zu werden.

D. Abkürzungsverzeichnis

Abb.	Abbildung	*NSDAP*	Nationalsozialistische Deutsche Arbeiterpartei
Anm.	Anmerkung		
f	folgende	*NS-Zeit*	nationalsozialistische Zeit
Gestapo	Geheime Staatspolizei	*S.*	Seite
Hrsg.	Herausgeber	*StadtAA*	Stadtarchiv Augsburg
NNZ	Neue National-Zeitung	*USA*	United States of America
Nr.	Nummer	*vgl.*	vergleiche

E. Literaturverzeichnis

I. Sekundärliteratur

- Hipp, D., Judenhäuser und Deportationen aus Augsburg. Magisterarbeit, Augsburg 2012.

- Klotz, S., Jüdisches Leben, in: W. Nerdinger (Hrsg.), Bauten erinnern. Augsburg in der NS-Zeit, Berlin 2012.

- Krauss, I., Israelitische Gaststätte Bollack, in: W. Nerdinger (Hrsg.), Bauten erinnern. Augsburg in der NS-Zeit, Berlin 2012.

- Kwiet, K., unter dem Stichwort: Judenhaus, in: W. Benz (Hrsg.), Handbuch des Antisemitismus. Judenfeindschaft in Geschichte und Gegenwart. Band 3, Berlin/New York 2010.

- Müller, M., Lebenslinien. Deutsch-jüdische Familiengeschichten. „…und dann heißt's Abschied nehmen aus Augsburg und Deutschland.". Der Weg der Familie Stern aus Augsburg. Band 6, Augsburg 2013.

- Müller, M./Schönhagen, B., Lebenslinien. Deutsch-jüdische Familiengeschichten. „…dieser schönen Welt Lebewohl sagen.". Der Weg der Familie Sturm aus Augsburg. Band 3, Augsburg 2010.

- Parisi, R., Emanuel Polatschek Schuhhaus „Mercedes", in: W. Nerdinger (Hrsg.), Bauten erinnern. Augsburg in der NS-Zeit, Berlin 2012.

- Schmucker, A., „Arisierung" von Wohn- und Geschäftshäusern, in: W. Nerdinger (Hrsg.), Bauten erinnern. Augsburg in der NS-Zeit, Berlin 2012.

- Schmucker, A., Geschäfts- und Wohnhaus Wimpfheimer & Cie, in: W. Nerdinger (Hrsg.), Bauten erinnern. Augsburg in der NS-Zeit, Berlin 2012.

- Schmucker, A., Reiheneckhaus Alfred Stein, in: W. Nerdinger (Hrsg.), Bauten erinnern. Augsburg in der NS-Zeit, Berlin 2012.

II. Internetadressen

- Bachmair, A., Wie Nazis in Augsburg jüdischen Bürgern Eigentum stahlen, in: http://www.augsburger-allgemeine.de/augsburg/Wie-Nazis-in-Augsburg-juedischen-Buergern-Eigentum-stahlen-id22659431.html; Zugriff vom 2.11.2015.

- Forschungsbüro. Verein für wissenschaftliche und kulturelle Dienstleistungen (Hrsg.), Gesetz über Mietverhältnisse mit Juden, in: http://www.ns-quellen.at/gesetz_anzeigen_detail.php?gesetz_id=17010&action=B_Read; Zugriff vom 3.11.2015.

- http://www.verfassungen.de/de/de33-45/reichsbuerger35-v11.htm; Zugriff vom 2.11.2015.

- Wacker, J./Ulm, E., „Judenhäuser" in Leipzig 1939 bis 1945. Ein Schülerprojekt der Henriette-Goldschmidt-Schule Leipzig, in: http://www.goldschmidtschule-leipzig.de/static/Schulchronik/site/judenhaeuser03.html; Zugriff vom 2.11.2015.

III. Mündliche Auskünfte

- K., S., Gespräch, 24.10.15.

- Warnatz, L., Gespräch, 31.10.15.

IV. Abbildungen

- Abbildung 1: Schmucker, A., „Arisierung" von Wohn- und Geschäftshäusern, in: W. Nerdinger (Hrsg.), Bauten erinnern. Augsburg in der NS-Zeit, Berlin 2012, S. 172.

- Abbildung 2: Müller, M./Schönhagen, B., Lebenslinien. Deutsch-jüdische Familiengeschichten. „...dieser schönen Welt Lebewohl sagen.". Der Weg der Familie Sturm aus Augsburg. Band 3, Augsburg 2010, S. 30.

- Abbildung 3: Müller, M./Schönhagen, B., Lebenslinien. Deutsch-jüdische Familiengeschichten. „...dieser schönen Welt Lebewohl sagen.". Der Weg der Familie Sturm aus Augsburg. Band 3, Augsburg 2010, S. 11.

- Abbildung 4: Krauss, I., Israelitische Gaststätte Bollack, in: W. Nerdinger (Hrsg.), Bauten erinnern. Augsburg in der NS-Zeit, Berlin 2012, S. 168.

- Abbildung 5-9: Eigene Fotografien der heutigen Gebäude, 4.11.2015.